なりたい自分になれるまで

How to become the person you want to be

スピリチュアルメッセージ

Spiritual Message

黒戌 仁

はじめに

　わたしは、人が好きです。人との繋がりは、この世で最も価値のある「財産」だと感じます。出会いを通じて、世界は無限に広がっていくのです。

　人と本音で意見を交わし合うことや、価値観や人生観を共有、共感することによって、自身の可能性も限りなく広がり、心も磨かれていくのだと思います。

　長い年月を過ごすなかで、嫉妬や執着といったネガティブな感情を押しつけられることもありました。人を信じては裏切られ、傷付いて、また立ち上がり、また人を信じる。「人生」とは常にその繰り返しなのだと思います。

　そして、自分にとって思わしくない出会いでさえ、人生を振り返ってみれば、全てがかけがえのない「気付き」に満ちているのです。

　心理学者 フリッツ・パールズはこう綴ります。

　　わたしはわたしの為に生きる。
　　あなたもまたそう在りなさい。
　　あなたは誰かの期待に応える為に生きている
　　訳じゃない。

人は皆、自分の為に生きれば良い。

　ただ、人の心の優しさに触れ合えた瞬間には、

　心から感謝をしなさい。

　優しさに触れることがたとえ出来なくとも、

　感謝の心を忘れずに生きなさい。

（※日本語解釈 黒戌 仁）

　わたしたちは他人から見た自分がどう在るべきか？　と悩みます。しかし本当にたいせつなのはどう在るべきか？ではなく、どう在りたいかということなのです。

　必要以上に肩を張ることも気負うこともなく、あるがままの姿で生きていくことこそが、本当の自分といえます。

　しかし、それは嫌なことから逃げることではなく、人との関係性を通して、自問自答を繰り返しながら、苦しみと共に成長するということ。蓮の花は泥水でこそ綺麗な花を咲かせるのです。

　希薄化する人間関係のなか、あらゆるシチュエーションで孤立、孤独化する現代社会において、ひどく落ち込み、寂しさに押しつぶされそうになり、苦しみのどん底から這い上がりたいともがいているとき、救いの手を差し伸べて欲しいと感じた経験はないでしょうか？

　覚悟を決めたり、自分を奮い立たせたり、夢を追いかけ

たりするとき、誰かの一押しが必要だと願った経験はないでしょうか？

　人生におけるすべての事柄は、自分の意識次第で思い通りにすることができます。人との出会いのなかで共に切磋琢磨し、今をたいせつに、人生を謳歌するすべを身につけましょう。

　本書があなたの一助になればと願います。

黒戌 仁

本書の使い方

本書は、ビブリオマンシー（書物占い）形式で、直感で選んだページからメッセージを受け取ることができます。

仕事・恋愛・夢・悩み・人生について、ダイレクトに届くメッセージは、あなたの人生において必要な道案内となり、未来へ光を照らす心強い味方となるでしょう。

こんなとき、開いてみましょう！

救いの手を差し伸べてほしいと感じたとき

● イヤなことがあってひどく落ち込んでしまった…
● 孤独で寂しさに押しつぶされそう…
● 苦しみのどん底から這い上がりたい…

あともう一押しが必要だと思ったとき

● 覚悟を決めたい！
● 自分を奮い立たせたい！
● 夢を追いかけたい！

注意点

一見簡単に思えますが、これは自然界に漂うマナのエネルギーを借りて行う「呪術」の一種なので、以下のアプローチでは使用しないようにしましょう。

● お金に関すること
● 執着・依存しているもの
● 楽な選択肢を選ぶため

これらを頭に浮かべてメッセージを受け取ろうとすると、低級なマナを引き寄せてしまい運気の低迷を招きますので、充分に気を付けましょう。

メッセージの受け取り方

この本を開くときには、必ず深く呼吸をして、気持ちを落ち着かせ、頭のなかを空っぽにした状態でページをめくりましょう。自分自身の直感を信じて、ここだと思ったページを開きましょう。

本書は、左右に異なるメッセージがレイアウトされています。左右どちらのメッセージを受け取りたいかを明確にし、ページを開きましょう。

手順

1.「この本は真実を記している」と口にしたり心で唱える。
2. 本の背を下にして立て、目を閉じて節を選ぶ。
3. 自然に開くに任せる。

194の魂のメッセージは、優しく包み込むようなものから、辛口な励ましを含んだ厳しいものまで様々ですが、あなたが選んだメッセージは、今のあなたに必要なメッセージとなります。

受け取り方はいろいろ

最初から順番に読んでも、後ろから逆行して読んでも大丈夫です！メッセージの受け取り方はあなたの自由です。いろいろな方法を試してください。

さらに、受け取ったメッセージからピンとくるフレーズをノートに書き留めると、自身の悩みや希望などがはっきりと見えてくるでしょう。

自分では気が付くことができなかった自分の性格や特徴を知ることができるため、自分自身を振り返るきっかけにもなります。

なりたい自分に
なれるまで

毎日をがむしゃらに

失敗と反省を繰り返しながらも

夢見る気持ちを忘れずに

一生懸命に頑張りながら

誠実に生きていさえいれば

必ずチャンスは訪れる

そのあなたの頑張りは

他人にはなかなか見えなくて

人は時に身勝手にあなたを

批判するけれど

あなたの頑張りは

誰よりあなた自身が一番知っている

だから胸を張ろう

あの日あなたが心に描いた

なりたい自分になれるまで

痛みを努力に
変えられる人であれ

誰もが心に傷を抱えて生きている
後悔のない人生などないものだ
心に刺さったトゲが
時折チクリと想い出を甦えらせても
胸にそっと手を当てて
その痛みを努力に変えられる人であれ
過去を受け入れ赦す気持ちが
きっとあなたを前へと進ませる
あなたの人生に無駄なことなど
ないことに気付く

生まれた時には
何一つ

生まれた時には何一つ
持っていなかったじゃない
失くしたものを指折り数えて
哀しんでばかりいられないよ
たいせつなのは今あるものに感謝すること
そして痛みを糧に前に進むこと
昨日より今日
今日より明日
諦めてしまったら
もう二度と立ち上がれなくなる
君は君の未来を信じて
勇気を出して明日へと歩きだせ

気付きは
常に己のなかにある

自分がよくわからないという者は
日常的に自分の心と向き合っていない
それは心に蓋をして
見たくない現実から
目を逸らしてきた結果だ
気付きは常に己のなかにある
自分を客観視し
周りに流されることなく
失敗を怖れるな
自問自答を繰り返した者だけが
自分を知ることができる

100点の
人間なんていない

宇宙の真理は78:22である

海が78％で陸地が22％

窒素（ちっそ）が78％で酸素が22％

身体も水分が78％物質が22％

肺呼吸が78％で皮膚（ひふ）呼吸が22％

善玉菌が78％で悪玉菌が22％

全部は書ききれないけどつまり

人間は78点で満点なんだってこと

100点の人間なんていないのだ

まずは自分を褒めてやろう

限りある時間

会いたい人には会いに行き
必要とされたなら
期待に応える努力をし
去りゆく人とは距離を置く
笑いたい時に笑って
泣きたい時は泣いて
心は常に自由であること
限りある時間のなかで
自分を取り戻す作業をしよう
明日も自分らしく笑えるように

あなたを
傷付ける人にも

あなたを傷付けた人にも
きっと何か理由があるのかもしれない
その人があなたにとって
とてもたいせつな人なら
たとえ相手に傷付けられても
感情的になって責め立てたりせず
相手が何故そうなってしまったのか
相手の立場で考えて答えを導きだそうとする
そんな関係であってほしい

あなたの人生に
新しい色彩を

「思い出」という記憶は

白い壁に鮮やかなペンキを

塗ったようなものだ

色褪せるのを待っているだけでは

永い月日が流れてしまう

それが悲しい記憶であればあるほど

色褪せるのを待つのではなく

前ほど綺麗に描けないかも知れないけれど

新しいペンキを手に取る勇気が

新しい作品を生み出そうとする情熱が

きっとあなたの人生を色鮮やかにしてくれる

心から
湧き出す依存からは

心から湧き出す依存や執着が
もしかしたらあなたが愛する相手を
苦しめているかもしれないってことを
少しも考えることができないような人は
結局のところ自分が一番可愛いだけの人
自分のためにすがる対象が欲しいだけ
それが親子でも恋人でも
中身のない身勝手な盲信からは
真実の愛は生まれはしない

善悪の判断は
立場により変わる

自分には理解し難い世界でも
人それぞれ守るべき世界があり
立場が変われば守るべきものも変わる
善悪の押売りは争いを生むだけ
「正義」とは相手の意見を尊重し
お互いにバランスを取ることだ
ただし守るべきもののためには戦うこと
信念の元に抗うことを放棄してはならない
行動なき正義は無力だ
愛する人やたいせつにしてるものを
傷付けられたのなら全力で立ち向かえ
我々人間が善悪を判断しなくていい
それこそが神に身を委ねるということ

自分を愛する努力

あなたは自分を愛していますか？
自分を愛せていない人が
人を心から愛せるのでしょうか？
自分の価値を信じていない人が
人を心から信じられるのでしょうか？
答えを求める前に
あなたがしなければならないことは
弱い自分を受け入れ
欠点を許し愛すること
そして
惜しまずに努力を続けること

全てが
前世からの必然

ただ素直に実直に
自分の価値を信じ
直感に従い我が道を進め
その先にある出会いや別れは
全て前世からの必然であり
良いことも悪いことも
その事象の善悪は自我や他我が
ただ二極を捉えているに過ぎない
心が切り裂かれるほどの
理不尽と思えるでき事ほど
その魂が昇華するための
必要不可欠な試練なのだ

気分が
落ち込んだ時には

気分が落ち込んだ時は掃除が良い
神棚を綺麗にしたり
要らぬものを処分したり
花を飾るのも良い
花は散るが
また新しい花が咲く
それは終わりではない
自然のサイクルだ
我々もまたその流れのなかにいることを
花は何も語らず教えてくれる
何も恐れることはないのだ

正義とは
様々な角度に
存在するもの

善悪の概念は単純ではない

物事の一面だけを捉えて

その全てを知ったかのように振る舞い

否定するのは愚かなこと

正義とは均衡

押し付けの正義感は時にエゴとなる

正義は様々な角度に存在するものだ

そして同時に真実とは

見えない部分がとても多いもの

木を見て森を見ぬ者であってはならない

他人の言葉や主観に流されることなく

様々な角度から物事を分析し

あなた自身の心が感じたもの

そして直接触れたものを信じることがたいせつ

この
小さなトゲの痛み

心に刺さった小さなトゲは
今も抜けずにとどまったまま
勇気を出して抜いてしまえば
いつかは傷痕も癒えるのかな
だけど僕には
この小さなトゲの痛みが
君の記憶を辿り
あの日の笑顔を甦らせる

無知こそ
悩みを生む根源

無知こそ悩みを生む根源
目に見えぬものに恐怖し
訪れてもいない不幸に苦しむ
視野の狭さは
人として生まれた
その意味さえもうやむやにし
可能性という未来を奪い去る
時に「無知」は傲慢となり
体験もせずに理解したつもりになる
物事の本質を見ていない者が
「真実」に辿り着くことはない
常に人生の探求者であれ

選択する自由

神が存在するならば
悪魔もまた現実のものだ
悪意が不幸を招くのなら
祈りにより奇跡も訪れる
それがこの世界の真理
善悪などの範疇(はんちゅう)ではなく
神も悪魔も我々の内にある
悪意の種子を撒(ま)くことなく
善意の種子をたいせつに育てよ
我々は常に選択する自由を
神より与えられているのだ

夢は叶えるために
あるんじゃない

常に高みを目指せ

諦（あきら）める口実を探すな

自分が限界だと諦めた

その場所が限界になるんだ

他人の評価など意味はない

自分で自分を評価すればいい

しっかりと地に足をつけて

常に理想の自分を追い求めろ

夢は叶えるためにあるんじゃない

君が理想の自分を強く望んだ時

既（すで）に君の心に宿っているものだ

夢とは必死に追い求めている

その時間にこそ大きな意味を持つ

君が
幸せでありますよう

僕が大好きな人が
想いを寄せている誰かと
幸せであることを祈り
心から感謝できる者でありたい
よかったね おめでとう
ごめんね
心からそう思える者でありたい
嫉妬心や執着心さえ
その心から拭い去ることができたなら
無駄な出逢いなど何一つないのだと
気付くことができるはず
あの日流した涙の意味も
二人で交わした愛の言葉も
運命が導いたものだとするのなら
たとえ思い出が色褪せたとしても
きっと二人の心の糧になっている

あなたにとって
たいせつな人とは

あなたにとって
たいせつな人ってどんな人だと思う？
それは会えない時があるほど
会いたくなる人だよ
そばにいてただ楽な人よりも
そばにいない時に寂しいと感じる人を
たいせつにしていこう
そういう人たちに数多く出会えたのなら
あなたはとても幸せな人だ

新しく
何かを始めるには

人生で何か新しいことを決断し
一から始めるというのは
とても勇気のいることだ
考え出したら不安なんて
後から後から溢れてくるよ
でもそれに怖じ気づいて
動き出さずにいたら
今を変えることはできない

僕たちはいつも勇気を出して
小さな一歩を踏み出す
自分を信じて

ただ流れゆく
水の如し

親友　恋人　家族

良い意味でもなく

悪い意味でもなく

信頼という言葉さえ

ただ流れゆく水の如し

魂は点でも線でもなく

始まりも終わりもない

出会いも別れもなく

否定も肯定もない

完璧なまでに純粋な

purusha* に形成される

shanti shanti shanti**

* サンスクリット語：puruṣa　英：purusha　サンスクリット文字：पुरुष プルシャ
　純粋意識。真我。
　超越可能な自己（アートマン）あるいは魂。何にも捉われない純粋な意識。本当の自分。
** サンスクリット語：śāntiḥ　英：shanti　サンスクリット文字：शान्ति शान्ति シャンティ
　平和、静寂、平安、平穏。
　3回繰り返すと「世界中に平和を、家族や周りの人たちに平和を、自分自身に平和を」

我々はみんな同じだ

人は時に愚かで
目に見えぬものを疑い
目に映るものを鵜呑みにし
言葉や情報に振り回される
傷付くことを恐れ孤独を嘆き
痛みを遠ざけようとする
無知な正義を主張し
真実を歪め肯定を求む
我々はみんな同じだ
否定より肯定するほうが
人を責めるより許すほうが
はるかに難しくそして尊い

心から人を
好きになるってことは

心から人を好きになるってのは
タイプだとか
美人だとか
相性だとか
金持ちだからとかではない
どれだけ傷付けられても
たとえ裏切られても
その人じゃなきゃダメだと
強く感じることができる
理屈や常識の枠に収められない
感情を抱く相手のことなんだよ

必要以上に
与えられる情報を
手離すこと

あなたが望む望まぬに関わらず
外から入ってくる様々な意識や
無責任な他人からの期待
その全てを受け止めようとしてはならない
必要以上に与えられる情報は手離すこと
さもなくばいつのまにか心は疲弊し
たいせつなものさえ見失ってしまうよ
あなたの身体は一つしかなく
人一人ができることには限界がある
内側を意識し静観すること
正しい答えは常に心のなかにある

人は悲しみから
多くのことを学ぶ

喜びも哀しみも
どちらも永遠に続きはしない
そして人は
喜びよりも悲しみから多くを学ぶ
神が全ての人々に
「幸」と「不幸」を
平等に分け与える理由はそこにある
それぞれの魂のレベルに
応じた形で与えられる試練
たいせつなのは
そこから「気付き」を得ることが
できたかどうかなんだ

今この瞬間をたいせつに

人はいつその生涯を

終えるかは誰にもわからない

だからこそ

今この瞬間をたいせつに生きなければならない

過去に依存（いぞん）していては

あっという間に時は過ぎ去ってしまう

物質的な満足感に囚（とら）われては

本当にたいせつなものを見失う

人生で何よりもたいせつなことは

悔いがないように精一杯

心から人を愛すること

死を迎えるその日に

あなたが孤独のまま死ぬか

愛する人に看取（みと）られるか

それは全てこれからの

あなたの選択にかかっている

死の間際に悔いても

人生のやり直しはきかないのだ

明日死ぬかもしれないと
想像してごらん

過去ばかり振り返って
前に進もうとせず悩んでる人と
未来の保証や保険ばかり考えて
今をたいせつに生きていない人
どちらも同じくらい愚かな行為
明日死ぬかも知れないと
想像してごらん？
たいせつなのは今を精一杯
楽しみながら生きるための選択をして
たくさんの人と喜びを共有すること
それが生きるってことだよ

無償の愛とは
信じる心

見通しの立たない未来に
不安を感じない者などいない
無償の愛とは信じる心
愛する人の笑顔のためには
傷付くこともいとわぬ心
ゴールがあるから信じるんじゃない
ゴールを信じて頑張るんだ
でも時に心が悲鳴をあげたり
依存心が胸を締め付けたりするだろう
「答え」は誰かに与えられるものじゃなく
自らが苦しみのなかで悟り得るものだ
まずは自分を信じるための努力をすること
昨日の自分を超えていこう
明日も笑っていられるように

全ての人に
愛される人間などいない

一歩踏みだすのは自分の意志
誰にも委ねない　誰にも預けない
誰にも依存しない　誰とも比べない
間違いなんてない
あるのは判断だけだ
結果を怖れるな　否定を恐れるな
全ての人に愛される人間などいない
決断していこう　手離していこう
胸を焦がすほどの夢があるのなら
己の信じた道をただがむしゃらに
進んで行け

戦う資格が
あるからこそ

傷付かずに生きることは容易い
自分にとって最も楽な道を
ただ選んで生きればいいのだから
しかしそれでは人としての成長は
止まってしまうだろう
傷付くことを怖れずに
勇気を持って自分を表現していこう
戦う資格があるからこそ
試練は訪れるのだ

必要ではないもの

胸を引き裂かれるほどの不幸が起こると
全てを悪く捉（とら）えてしまうものだ
人生における悩みの殆（ほとん）どは
「依存（いぞん）」から生まれるものだから
失いたくないという「欲」が過剰になると
今あるものまで拒絶してしまうことがある
失ったものは既（すで）にあなたには
必要ではないものなのだ
それを手放すことが
次に進むための
試練なのかもしれない

信じることを
拒絶しないで

どれだけ相手に愛情を注いでも
言葉や態度で誠意を伝えても
信じることを拒絶してる人には
何を言っても無駄だったりする
例えその場を乗り越えられても
また別の理由や諦める口実を探す
そうなる最たる原因は自己愛の強さ
これ以上傷付きたくないからと
自分の非を認めることもできなくなる
そんな人にならないためにも
せめて自分が愛した人にくらい
素直な自分でいれたらいいね

たくさん泣いたのは
本気だったから

たくさん悩んでたくさん迷って
たくさん泣いたのは本気だったから
だからどんな結果であれ
最後は全てを受けいれることができる
後悔や反省を幾度_{いくど}となく繰り返したからこそ
ようやく最後は自分を許してあげられる
人はそうやって強くなる
だから傷付くことを恐_{おそ}れず
本気になれる何かを
見つけてほしい

どれだけ
ベストを尽くしても

たいせつな仲間や家族が夢を胸に抱き

緊張しながら全てを賭けて挑む

様々な人生のステージ

たとえどれだけベストを尽くしても

良い時も悪い時もあるよね

他人の評価が全てじゃない

君の価値は誰かの評価で決まらない

僕はずっと努力を見ていたよ

悔し涙を流す日もあるけれど

君はとても素晴らしい人

僕は誇りに思う

君との縁を

君の努力を

その涙も笑顔も

あなたの鼓動に
耳を傾けて

人はいつでも成長過程
立ち止まっちゃいけない
人生には悲しいこともあるけれど
愛する人がいるから頑張れる
大好きな人の笑顔を見るたびに頑張れる
夢を信じているから頑張れる
探さなくちゃね
自分が自分らしく在れる場所を
あなたが笑顔にしたい誰かを

辛くてどうしようもない時は
心臓に手を当てて鼓動を聞いてみる
一生懸命生きようとしている
自分の鼓動に耳を傾けてみる
そして「まだ大丈夫」と
言葉にしてみる
そうしたらきっとまた歩き出せる
もう少し頑張れる

気付いてくれたら
ラッキー♪

相手が喜んでくれるだろうと
想ったうえでの行為であっても
なぜか相手にスルーされたり
予想外の言葉が返ってくる時がある
しかしそれをわざわざ指摘して
相手を批判していては
結局すべてが台なし
気付いてくれたら
喜んで貰えたらラッキーくらいに
考えておくべきなのかも
人はみんな生き方も価値観も違うのだ

星々が
ずっとそこにあるように

星々がずっと変わらずそこにあるように
人と人との出逢いやバランスもまた
全て運命的に神によって定められている
いくらこちらが仲良くしようと努めても
相手に関心を持たれない
理解して貰えないというのも
全ては必然でしかないのだ
たいせつなのは
それを受け入れたうえで
如何（いか）に創意工夫
努力するか
人生とは常に修行だということを
我々は忘れてはならない

向いてる向いてない
ではなく

目標の達成が喜びなのではなく
目標に向かい努力する過程にこそ
喜びがある
向いてる向いてないではなく
本気でそれを好きかどうかなのだ
好きこそものの上手なれ
好きなことなら継続できる
継続は力となる
それが人からの評価に繋がり自信となる
己の可能性を心から信じ
小さな成功を積み上げる
その過程こそがたいせつなのだ

居場所を求めて
彷徨う心

居場所を求めて彷徨う心
いったい何を得たいの？
いったい何を望むの？
居場所は与えて貰うものじゃなく
自ら築きあげていくもの
誰かが辿った道じゃなく
自分の道を探そう
ほんとの笑顔になれる場所
気負うことなく安心できる場所
そんな場所がきっとある
まずは自らが勇気をだして
「奇跡」とは
挑戦した者のみに与えられる
神様からの贈りものなのだから

最後は
あるがままのあなたを

優しさや思いやりが
絶対条件ではあるけれど
言いたいことは内に秘めず
ハッキリ言えばいいし
変に気を遣う必要なんてない
最後はあるがままのあなたを
愛してくれる人しか残らないの
離れていく人たちは
あなたより精神年齢が下か
もしくは精神年齢が高い
ただ価値観の違う人だったってだけ

人の気持ちを
想像できない人

人は人により生かされている
どんな縁も自分を成長させるたいせつなもの
しかし人の気持ちを
想像できない人が少なくない
優しさには優しさが返るように
感謝を忘れ人を裏切ったり
貶（おとし）めようとする人間はかならず
それ相応の報いを受ける
全ては因果応報（いんがおうほう）
相手の立場を考えて
気持ちを想像できる人こそ
多くの人たちから信頼を得られる人

声を出して
泣けばいい

苦しみや悲しみは心に溜めず

吐き出したほうがいい

格好悪いくらいに

声を出して泣いたほうがいい

それは精一杯に人生を生きてきた証(あかし)だから

精一杯問題と向き合った結果だから

自分を責めなくていい

大地は 月は 星は

ただ静かに優しく

あなたを包んでくれるだろう

また頑張ればいい

一からやり直せばいい

何も心配することはない

最後にはあなたにとって

たいせつなものだけが残る

誰もが笑って
過ごしていたい

誰もが笑って過ごしていたいと願うのだけど

人は人を無意識に傷付ける生き物

そして哀しいことだけど

楽しそうに笑っている人を見て

妬（ねた）ましく思う人も必ずいるもの

だけどそれと同時に

あなたが傷付き苦しんでいる時に

なんの見返りも求めずに

優しく手を差し伸べてくれる人もいる

だからその目を伏せないで

世界はそういう「陰陽（いんよう）」の

調和の上に成り立っているのだ

あなたに
出会えてよかった

自分の全てを捨てて構わないと
心から思える恋愛なんて
人生に一つや二つだと思う
たとえそれがうたかたでも
そう思われたことも
そう思えたことも
きっと奇跡なんだと思う
あなたに出会えてよかった
そう心から言える人でありたい

信じたいと
思えるかどうか

話さなくてもいいこと
言わなくてもいいこと
聞かなくてもいいこと
知らなくてもいいこと
世界はそれに溢_{あふ}れてる
要らぬ知識は毒となり
口は災_{わざわ}いのもととなる
信じることができぬから
余計な不安を心に宿す
信じられる相手かより
信じたいと心から思える相手かどうかだ
見極めるのはあなた自身

その選択が
間違っていたとしても

経験者から見たらとても危うく
愚かな行為に思えたとしても
やらない理由やできない言い訳を考えて
何も行動しない人よりも
後先考えずにとにかくやってみよう！と
前向きに生きてる人の方が魅力的だ
例えその選択が間違っていたとしても
その失敗から多くを学ぶだろう
失敗を繰り返した者だからこそ
得られる教えもあるのだ

あなたは
決して独りじゃない

逢いたくても会えない人がいて
苦しみを分かち合いたくても
それが叶わないたいせつな人がいる
幾ばくもない限られた時間のなかで
止めることのできない現実がある
あなたに触れることも
声を聴くこともできない
あなたはまるで魂を刻み込むように
命ある日々を全身全霊で生きている
誰かが無駄につまらなく過ごした昨日は
あなたが懸命に生きようとした今日だ
せめてその苦しみや痛みが
少しでも和らぐことを
願いながら月を見る
あなたは決して独りじゃない

明日はきっと
今日以上の明日

独りきりで過ごす時も
心寂しい夜も
つまらなく思うことはない
それは一人でしかできないことを
経験できるたいせつな時間
種はやがて芽吹き
いつか大きな花を咲かせる
あなただけの花を
明日はきっと今日以上の明日
あなたが希望を捨てない限り
未来はいつだって両手を広げている

それは
とても素晴らしい恋

もう二度とこれほどに人を愛することは
できないほどの恋をした
心から愛し憎み傷付き涙した恋はない
そう言えるのはとても幸せなこと
まぶたを閉じれば
恋人の優しい微笑みを思い出す
だけど前に進まなきゃいけないね
恋人から受け取ったたくさんの「愛」は
あなたの心に生きる道を示してくれたはず
いつかまた笑顔で出逢える
そんな未来を夢見て
一歩また一歩と大地を踏みしめよう

幸せは
お金では買えないの

高級ブランドを身に纏う人が
偉いんじゃない
それを作った人が偉いんだよ
高級車に乗っている人が
凄いんじゃない
それを作った人が凄いんだよ
高級マンションに暮らすことが
幸せなんかじゃない
部屋が狭くとも家族の笑い声が
どこにいても聴こえる家にこそ
幸せが舞い降りるんだよ
有名になることが幸せなんかじゃない
なんでも話し合える仲間がいることが
何よりも幸せなことなんだよ
ゆったり心穏やかに今ある幸せを
心から噛み締めながら生きる
全てはほどほどが丁度いい
足るを知るとはそういうこと

自分の
素直な気持ちに従う

もしも今
君がこれから進むべき道を
悩んでいるのだとしたら
何よりも自身が後悔しない道を選ぶことだ
そのために誰かが傷付くとか
誰かに迷惑が掛かるとか
そんなことは気にしなくていい
人生の重大な選択に立たされた時
人は望まぬとも誰かを傷付けるものだ
だからこそたいせつなのは
自分の素直な気持ちに従うこと
君の人生は誰のためのものでもなく
君自身のものなのだ

もっと
現実をたいせつにしよう

目に見えるものが必ずしも真実ではない
利便性が必ずしも幸福に繋がる訳ではない
ＳＮＳは人と人との距離を
とても身近に感じさせるけれど
実際はとても遠く泡のように儚いものだ
もっと現実をたいせつにしよう
もっと地に足をつけて生きよう
手に余る水は指の隙間から
自然と流れ落ちていくよ
君が君らしくあるために
たいせつな気持ちを失わぬように
子供の時の僕たちのほうが
きっと上手に正直に生きていたよ

信じぬく力が
不安を払う

自分にせよ他人にせよ
信じられないから苦しくなる
信じられないから不安になる
ならどんな結果になるにせよ
誰より自分が相手を
夢見る未来を
必死に心から信じていたい
その希望が叶わなくても
信じぬいた自分をきっと誇れると思う
自分を誇ることができない人というのは
夢中で何かを信じることが
できなかった人だ

私は不幸だと
嘆く人たち

「私は不幸だ」と嘆く人たち

彼らの曇った目では

もし目の前に「幸せ」が訪れても

それを認識できない

本当の幸せとは何か？

自らの心に問い質せ

求めるのではなく気付くこと

感謝の心がない者は

不幸の連鎖を抜けられない

「真理」とはとても遠く

実はとても身近にあるものだ

あなたにしか
得られない幸せ

人は人 自分は自分
誰の目も気にすることはない
また誰かを羨むこともない
あなたが羨むその人にも
あなたと同じように
悩みがあり苦労がある
他人を一つの側面だけで捉え
羨むことも蔑むことも
とても愚かな行為だと気付くことで
幸せが見つかる
あなたにしか得られない幸せが
必ずあるのだから

誰よりあなたが
愛するべき存在は

あなたは今幸せだろうか？
周りからの評価に振り回されて
他人の目を気にして
誰かの期待に応えるための人生を
選んで生きてないだろうか？
自分を心からたいせつにしているだろうか？
誰よりあなたが愛するべき存在は
あなた自身だよ
どうあるべきかではなく
どうありたいかだ
自分らしく自分を愛し
自分自身を信じる人であれ

恩義を感じない
人間たち

人は自らの魂のレベルに
応じた人間を引き寄せる
こちらが説明しても
理解できない人間は
そもそも魂のレベルが違うのだ
恩義を受けても容易く仇で返す者や
相手を利用するためにだけ取り繕い
恩義を感じない人間たち
彼らが不幸から抜け出せない理由は
誰のせいでもなく自らの利己的な
その行いが招いた結果でしかない

必要としている人は
必ずいる

例えばあなたの何気ない一言で
こんな世界にもまだ希望はあるのだと気付き
救われる誰かがいる
あなたが経験した心の痛みが
時に人の心を優しく癒すことがある
深い哀しみに心が押し潰されそうになっても
どうかその目を伏せないで
あなたを必要としている人は必ずいる
あなたは誰かにとって必要な人
あなたじゃなければできないことが
あなただから伝えられることが必ずある

誰かが
諦めてしまった道も

わからないことが多すぎても
それでも歩いていくしかないの
一度そうすると決めたんだから
君が君を諦めてしまったなら
もう何を信じていいのかさえ
わからなくなってしまうよ
歩き続けよう
誰かが諦めてしまった道も
君なら越えられるのかもしれない
闇に包まれた道さえも
自分を信じていれば怖くないんだ

夢見る夢子は
いつまでも

夢見る夢子はいつまでも

空想に耽（ふ）けてばかりいて

現実を受け入れようとしない

スピリチュアルという

魔法の言葉を手に入れた彼女たちは

自分の弱さまでも

霊的影響であると信じ込んで

責任をすり替え現実を見ようとしない

現実を受け入れずして

強靭（きょうじん）な精神は育ちはしない

どんな道にも近道は無（な）いということに

いつまでも気付かぬフリをして

現実逃避を繰り返す人間が

純粋なる精神世界を理解して

真の悟りを得ることはない

僕たちは「当たり前」に
期待しすぎる

たいせつなのは足るを知ること
欲望は塩水を飲むが如く
潤うことなく乾き続ける
どれほど飲んでも満たされることはない
目の前にあるものに心から感謝せよ
僕たちは「当たり前」に期待しすぎる
「当たり前」なんてない
忘れちゃいけないんだ
全てがあなたを生かしていることを

小さな幸せを
見逃さないで

人が人である限り

時の流れに抗うことはできない

忙しく過ぎていく日々のなかで

たいせつな人の笑顔を

あなたは何度確認したのだろう

気付けばとても大きく成長していたり

気付けば手がシワだらけになっていたり

些細なことだと見逃したなかに

どれだけの幸せが隠れていたのだろう

過ぎ去ったあとに後悔しても遅い

今をたいせつに

どうか日々の忙しさのなかでも

小さな幸せを見逃さないでほしい

幸せは何気ない日々のなかにあるのだ

幸せとは気付くもの

あなたは気付いていますか？
たいせつなのは無くしたものを数えることでも
誰かと自分を比較することでもない
幸せとは「なる」ものではなく
「気付く」ものだと
普段の生活のなかでどれだけ小さな幸せを
感じることができるかどうか
それこそが廻り回って
あなたの心を暖かくするのだ

どれほど深く
傷付け合っても

本物の愛とは

お互いにどれほど深く傷付け合っても

絶対に離れることや諦(あきら)めることができないもの

綺麗ごとだけで育てられるものでも

相手の良い所だけをみて過ごせるものでもなく

欠点も含めて相手を赦(ゆる)し受け入れ

共に喜びも苦しみも共有しながら

支え合うもの

君が教えてくれた
あの星は

いつだって応援してるよ
共に歩んだ日々は記憶の影へと
消えてゆくけれど
君が教えてくれたあの星は
あの日と何一つ変わらぬまま
どの星よりも力強く輝いている
時は過ぎ去り心の傷も少しずつ癒え
君はまたあの美しい笑顔を
取り戻すことができただろうか
君が暗闇で進むべき道を見失った時には
あの星を見上げて
そこにはあの時と何一つ変わらない
二人の暖かな想い出があることを
憶えていて欲しい

その想いは
いつかきっと伝わる

一度失ってしまった信頼を
取り戻すのは難しい
だけどあなたが命より
たいせつな人だと心から思えるなら
無償の愛を生涯注ぐ覚悟が
持てる相手なら諦めないこと
真実の愛とは
自分の心が満たされることじゃないってことを
あなたが知っているなら
その想いはいつかきっと伝わると思う

リスクを背負う
覚悟はある？

たいして努力もしてない人間が
あれもこれも手にしたいなんて
笑い話にもならないよ
過去にはこれだけのことをやったとか
現状に甘んじ何も挑戦しない人も同類
成功してる人間というのは等しく
傷付いても精一杯挑戦し続けている人
あなたたちが惰性で生きているあいだも
悔し涙と汗を拭って努力してきた人
もしあなたが眩しく思う人に近づきたいと
そんな人と対等の立場で接してもらいたいと
本気で願っているのなら
死ぬ気になって
自分の人生に「リスク」を背負うことだ
人生を賭けて精一杯生きることだ

私は
何を信じればいい？

太陽は一つ
しかしそれを映す
水の入った受け皿は
様々な形を成している
深いものも浅いものも
大きいものも小さいものもある
それぞれ感じる神に差異はあれど
その神の本質は一つであり
それぞれの心を映している
まずは自分を信じることだ
それから自分の胸に聴いてみよ
全ての信仰心は
そして奇跡はそこから始まるのだ

あの時が
一番輝いてたと語る人

過ぎ去った日々にしがみつき
「あの時が一番輝いていた」とか
「あの頃は幸せだった」と言う君は
結局何一つ自分だけの力で
幸せを手にした訳じゃないんだよ
物質的に恵まれてた日々を
人生で一番幸せだったという
その空っぽな人生は
おそらくこれから先も誰かに何かを
与えられない限り満たされることはない
それってとても寂しい人だ

手離すという 「気付き」

諦めを手離すことで

新しい一歩を踏み出す勇気が

生まれることもある

悲しみを乗り越えた先にしか

見えない道もある

惰性や執着からは何も生まれない

生産性のない繋がりにすがりつき

生きる本質を見失ってはいけない

時はあっという間に過ぎ去ってしまうから

常に自分磨きを怠らずに生きること

誰のためでもなくあなたのために

何を基準にしているか

グラスに注いだ半分の水を
少ないと感じる人もいれば
それで満足する人もいる
これだけ努力したのにと
愚痴をこぼす人もいれば
まだまだ努力が足りないと
奮起する人もいる
たいせつなのは何を基準にしているかだ
グラスの大きさか水の量か
他人との比較か自分の心か
そこに全ての答えはある

それは
心にシミを残す行為

愚痴や弱音
感情の奥底から溢れ出る毒は
文字として残すべきではない
それはあなたの心に
黒いシミを残す行為に他ならない
他人にはわがままが通らずに
泣き叫ぶ子供のようにしか映らない
悲しみや痛みは
形なき声にして流すことだ
大空を舞う鷹のように
心は常に気高くあれ

恋人の
既読無視を怒る前に

恋人の既読無視を
怒る人は多いけれど
気持ちが伝わっただけでも
嬉しいと思えたらいいね
どんな理由が相手にあるのか
わからないのだから
無事だと確認できただけでも
きっと嬉しいよね？
近しくなればなるほど
そんなたいせつなことさえ
忘れてしまいがちになる

自分と人を比べるから
苦悩する

人はつい自分と他人を比べたがる

容姿や財産 立場や肩書き

それは神が人間だけに与えたカルマ

無知が故に金や欲に縛られ

目に映るものに一喜一憂を繰り返し

求めることばかりに躍起になり

既にそばに在る幸せにさえ気付かなくなる

感覚を研ぎ澄ませ

君はただ君らしく

君だけの花を咲かせればいいんだ

傷付くことを
恐（おそ）れぬ強さを

夢見る勇気がなければ

新しい一歩は踏み出せない

人はいつから恥をかくことを

恐（おそ）れるようになったのだろう

自らの心に壁を作り

自分と他人を比べることで

幸せを感じるようになったのだろう

純粋無垢な子供の心を

どこに置き忘れてきたのだろう

子供はいつしか大人になり

心を守る方法を身に付ける

でも僕たちは自らの心を守ろうとして

逆に自らの心を

脆（もろ）くしていったんじゃないだろうか？

傷付くことを恐れない強さ

信じることを疑わない強さ

たいせつなのは
結果ではなく過程

たいせつに思う人から
自分が必要とされることは
どれほど幸せなのだろう
自分がいくら相手を思っても
必要とされないのだとしたら
それは自身の人間性が
未熟だからかもしれない
もちろん「立場」が違えば
それぞれの「役割」も違ってくる
「立場」が違う者に刷り込まれた
「認識」や「固定観念」を変えるのは難しい
努力をしたからといって必ずしも
認めて欲しい人に必要とされる訳でもない
だけど努力はきっと報われる
いつか報われることを信じ
私たちは人と関わり続ける
「人が人を成長させる」
たいせつなのは「結果」ではなく
その努力の「過程」にあるのだ

去りゆく全ての人に

フォローを外したから
ブロックしたから
もうあなたとは赤の他人
それが当たり前のような
世界なんてなんだか哀しいね
過去のふたりの楽しい思い出さえ
否定しているみたいだ
出逢うべくして出逢い
別れるべくして袂を分かつ
全ての人に僕は伝えたい
あなたを忘れたりしない
どんな別れであったとしても
あなたに出会えてよかった

方向性の間違った努力に結果は伴わない

自分には何が必要で何が不必要か

熟慮することだ

方向性の間違った努力には

結果が伴うことはない

妥協からは惰性しか生まれない

どこへ向かうべきか

何が足りないのか

何を求めているのか

自分に何ができるのか

自問自答を繰り返せ

常に生きる意味を模索しろ

それこそが素晴らしき人生だ

欲望は海水のように

自分磨きはたいせつ
しかし高価な服や立場や財産は
決してあなたの心を癒しはしない
欲望とは海水のようなもの
求めれば求めるほどに心は乾く
物質的な満足感に囚われることなく
あなたの外見よりも内面を見てくれる者を
しっかりと見極めることがたいせつ
物欲によって心が濁った人間は真実を見誤る
人が輝く時
それは心から笑顔になれる場所を見つけた時
高価な宝石やまばゆい黄金よりも
まず自分自身の心と身体を磨くことが
たいせつだということを忘れてはならない

あなたの格を下げる者は
そばに置くな

相手からどれだけ「愛してる」と
主張されようと友人たちのいる前で
あなたの格を下げるような言動をとる相手とは
絶対に一緒にいない方がいい
その人のせいで
あなたは育ててきた自信だけでなく
たいせつに築き上げてきた
周囲からの信頼すらも失ってしまう
一緒にいて共に魂のレベルを
高め合える者だけをそばに置きなさい

良いところを
見つける楽しさを

完璧な人などいないのに
どうして人は自分のことは棚上げし
他者に完璧を求めるのだろう
それは人の非を責めるほうが
自らの行動を振り返ることよりも
遥かに楽だからなんだろうね
他人の悪いところはよく目に付くもの
人の悪いところを探すよりも
良いところを見つける楽しさを
知っている人になれたらいい

もっと素直に
もっとシンプルに

大丈夫
そんなに周りの目を気にしないで
君が思ってるほど
君を否定も肯定もしていないよ
色んなことが人生には起こる
人を癒すことも傷付けることもあるよ
ただ自分を偽らないこと
間違っていたことに気付いたのなら
謝る勇気も持つこと
もっと素直にもっとシンプルに
変わろうと強く思いさえすれば
人は変われるんだ

必要とされてないと
感じること

恋人から避けられるようになったり
必要とされてないと感じることが多くなると
無力さを感じるよね
でもそれも結局のところ
自分の至らなさが招いた結果なのかもしれない
相手を責めたり問い詰めても
きっと状況は悪くしかならないよ
自分が変わるしかないの
今できることを精一杯やるしかないの

それはまるで自傷行為

自ら拒絶した人の囁きに耳をすまし
独りよがりに傷付いたふりをする
それはまるで自傷行為
利己的で無駄なプライドに執着し
いつも思い通りになる人間を探している
誰一人信じることもできずに
そのくせ「世界は孤独だ」と嘆いてる
差し伸べられた手にも気付かず
身勝手な振る舞いが生んだ孤独な夜に
いったい何度後悔すれば気が付くのか
中身の伴わない作り物を
誰も心から愛してはくれないんだよ

今を捨てる勇気

手に入らないものをいくら求めても
それは自分勝手な執着心でしかない
時には諦めも肝心だ
人との出逢いは必然
別れもまた必然だから
現実を受け入れ自分らしさを失うことなく
何より自分自身を磨く努力を忘れずに
「今を捨てる勇気」と
「未来の可能性を信じる勇気」を持つことだ

あなたには
あなたの魅力がある

太陽には太陽の

月には月の魅力があるように

人にはそれぞれの魅力がある

培ってきたものは人それぞれ違うから

人よりも優れているとか劣っているとか

そんなの他人に決められることじゃないんだよ

できない自分を恥じるより

今できることを一生懸命

笑顔でこなせる人になろう

自分を誇れる人であろう

誰かと比べて
生きるのをやめる

みんなそれぞれ役割が違う
頑張り過ぎてきた人は
もっと肩の力を抜いて生きていい
争いを恐れて生きた人は
他人にもっと感情をぶつけてみたらいい
人の顔色ばかり気にして生きた人は
もっと自分を表現する手段を身につけたらいい
人の気持ちを顧みずに生きた人は
自分がされて嫌なことを思いだしたらいい
皆それぞれ学ぶべきものは違う
だからいつも誰かと比べて生きるのはやめて
日々今の自分を超える努力を
なりたい自分になるための努力をすればいい

自分の作ったルールに 縛られてない？

こうじゃなきゃいけないって
誰が決めたの？
誰かがあなたに強制したの？
あなたが作ったあなたのルールに
もし縛られてるなら
人生で訪れるたくさんのチャンスを
自ら放棄していることに気付かなくちゃ
他人に刷り込まれた価値観も
中身の伴わないプライドも
あなたの可能性を狭めるだけの
ガラクタなんだよ

必要以上に
頑張らなくたっていい

人はみんな不完全
足りないものを補いあって
みんななんとか生きているんだ
必要以上に頑張らなくたっていい
自分の弱さを受け入れることで初めて
人は自分と向き合うことができ
そして自分を許すことができる
何かに縛られなくていい
不完全なのが当たり前
足りないことが当たり前
だから失敗することを怖れないで
傷付くことから逃げないで
できない自分も受け入れながら
そしてそこから前に進んでいこう
明日もあなたが笑顔で過ごせるように

同等の代価を
支払う覚悟

この世界は
等価交換の法則に基づいている
自身の行いは善行も悪行も
いずれ必ず自身に
またはその血脈へと還っていく
あなたが誰かに何かを強く望む時
それと同等の代価を支払う覚悟も必要
求めるばかりで自ら変わろうとしない
そんな人間にならぬこと

立場が違えば
見方も変わる

この世界に光と影があるように
人の心も一つではない
誰の心にも光と影がある
しかし一部の心貧しき人間は
自分が苦しいとき
不安なとき
他人の影の部分にのみフォーカスを当て
誰かを否定することで
己のアイデンティティを確立しようとする
物事の一面だけを捉え
他人を批判するような
つまらぬ人間になってはならない
たいせつなのは
様々な角度から
物事を捉える視野を持つことだ
真実は一つではない
正義もまた一つではない
「立場が違えば見方も変わる」
だからこそ戦争はなくならないのだ

己の軸を持って
生きるなら

自分を持てない者は
他人の輝きに寄生し
安心を得ようとする
他人に媚びへつらい
周りに合わせることで
「私は幸せだ」
「愛されている」
「必要とされているのだ」と
思い込んでいる
誰といても
どこにいようとも
己の軸を持って生きる
それこそが魅力であり
自分らしくあるということ

まず自分を
誇れる人になろう

誰よりもあなた自身が

自分の価値を信じることを

諦(あきら)めない者であること

あなたのことを誰よりも

知っているのはあなた自身だ

自分自身を信じなくて

誰があなたを信じるのだろうか

人から評価される自分を誇るのではなく

常に自分が理想とする自分であること

感謝の
心がなくなると

何気なく気にかけて貰えることが嬉しい
声をかけてくれることが嬉しい
そう思えなくなると心は貧しくなる
「やってもらって当たり前」と
感謝の心がなくなると
人の心はとても貧しくなる
当たり前のことなんてない
日常の何気ないことに
たいせつな人に
常に感謝できる者でありたい

君の夢が
どうか叶いますように

不安に心が苛<ruby>苛<rt>さいな</rt></ruby>まれて

苦しくて苦しくて

眠れぬ夜が続くのなら

もうそろそろ先に進まなきゃね

僕はずっと独りで生きてきたから

またそこへと帰るだけ

だから何も心配しないで

出会った時の君の心の傷は

もう綺麗にふさがってるよ

でも僕の鋭い爪と牙は

君の心に新しい傷をつけてしまうかもしれない

君の未来をずっと見守っているよ

君の夢がどうか叶いますように

恩人を裏切ってまで
手に入れるモノには

恋は時に盲目で
良識ある大人でさえも狂わせることがある
確かに人は
自分のことほど周りが見えなくなるものだ
その場の状況に流されてしまうこともある
しかし「義理」や「仁義」を欠き
信頼する仲間や恩人さえも
平気で裏切ることができるような人間が
本当の信頼を得ることはない
そういう人間は
手に入れた信頼も
また別の何かと天秤にかけて
簡単に捨てられる人間だ

失ってみなければ

自分が如何に恵まれていたかということは
失ってみなければわからないことが多い
今ある幸せを見失い
たいせつな人を傷付けた報いは
必ず我が身に降りかかる
その覚悟を持たない者が
人生に後悔という
大きな影を残すのだろう
失いたくないもの
掛け替えのないものがあるなら
精一杯自らの誠意を表すことだ
誰よりも自分が後悔しないために

自分なんかより
素敵な人を
見つけたら

自分なんかより素敵な人を見つけたなら
そっちに行けばいい
そんな言葉を軽々しく恋人に言える人は
自分こそが愛のない言葉で
相手の心をひどく傷付けてることに
きっと気付いていない
必死にもがき苦しみながら
それでもあなたのそばにいたいと言ってくれた
恋人の心を踏みにじってまで
あなたはどんな理想を求めているの？

一つとして
同じ一日はない

明日が永遠に続くことを疑わぬ若者は
人生になんの喜びも感じられぬまま
今日という一日をなんとなく過ごした
今日亡くなった若い母親は
我が子をもう一度強く抱き締め
愛していると伝えたいと心から願い
涙を流した
どちらも同じ今日という一日

今日を噛み締めて生きよう
一つとして同じ一日はないのだから

独りぼっちの君へ

今日も孤独に押し潰されそうな君がいる

傷付く前に手離そうとする君がいる

ささくれ立った心は全ての終焉を望み

疑念や嫉妬は

心ない誰かの言葉を借りて

その傷付いた心に

さらに大きな虫食いの穴を開ける

不安を貪り肥大化した猜疑心は

その黒く大きな体躯で

君の視界から全てのものを遮り

君に手を差し伸べる者の姿を覆い隠す

でも君は独りじゃない

君が真っ暗だと思っている世界より

更に深淵の闇に生きた人が

この世界にはたくさんいる

差し伸べた手や指先が

どんなに冷たくなっても

君を抱きしめることを躊躇わない人が

この世界のどこかに必ずいる

求める心から
苦しみは生まれる

どんな人間も大なり小なり

悩みはつきもので

その悩みの殆(ほとん)どが

何かに対しての自分本位な「執着」から

来ているのだということに気付いていない

もっと欲しい理解してもらいたい

そして愛されたい

求める心から苦しみは生まれる

そんな簡単なことにも気付かずに

独りよがりに苦しんでいる人がたくさんいる

人はいつ死ぬかも判(わか)らないのに

今できることを精一杯やるしかないのに

そして最後はなるようにしかならないのに

心の安寧(あんねい)を求めるのならば

誰かに不安を撒(ま)き散らしたり

自分の不幸を呪う前に

まず自分の心を蝕(むしば)む「執着」と向き合うことだ

修練の先にのみ
真の悟りがある

外的要因（眼に映るもの）に
囚われているうちは

スピリチュアルや真理を

理解することなど到底できない
真贋を見抜く眼を養うためには

自身の内観が必要不可欠

しかし悟りはただ心静かに

眼を閉じて瞑想するだけで
辿り着けるようなものではない

心と身体は対である

たゆまぬ修練の先にのみ

真の悟りは存在するのだ

住む世界が違えば

他人にあなたの努力や

頑張りは見えやしない

住む世界が違えば尚更<ruby>尚更<rt>なおさら</rt></ruby>

理解して貰おうと努力するのは

とても大事なことだけど

その結果受け入れて貰えないのだとしたら

<ruby>潔<rt>いさぎよ</rt></ruby>く<ruby>諦<rt>あきら</rt></ruby>めることだ

理解しようとしない人に

いくら説明しても意味はない

魂のレベルが違えば

当然理解できないこともある

たいせつなのは

そういう人もいるのだと

割り切ることができる寛容性を

あなたが持つこと

皆違って皆いい

好き嫌い　良い悪い　できるできないを
みんな自分で勝手に決めて
勝手に悩み苦しんでる
君を悪く言う人もいれば
擁護^{ようご}してくれる人もいる
皆違って皆いいんだよ
誰かを故意に傷付けたりしなきゃさ
誰かの正義は誰かの悪
自分が正しいと主張することは
時にただのエゴになり得る
たいせつなのは全てを寛容する心だ

無駄な出逢いは
一つもない

人生には無駄なことなど一つもなく
無駄な出会いも一つもない
心から信じたこと
心から誠意を尽くしたことには
必ず意味があり
蒔かれた種はいずれ大きな成果となる
出逢いは必然であり
我々は常に人に生かされているのだ

瞑想の真理とは

実態なきものに
長く心を留めてはならない
物質も自然も人の心も
時と共に常に移り変わり
流れ続けるものだ
私たちは皆すべからく
生きるために必要なものは
生まれた時から既に持っている
虚像に心惑わされず
眼に映るもの
創り出された固定観念を
盲信することなく
今そこに「ある」全てを
受け入れることこそが瞑想の真理

貧しさとは
心が生み出すもの

裕福と幸福はまるで違うものだ
欲望とは決して満たされることはない
物質的な満足感ばかり求める人間は
一時的な満足感は得ることはできても
すぐに心が渇き焦燥感に苛まれる
便利さや豊かさが「幸せ」ではない
高度な文明をもった国であればあるほど
自殺者の数は増加傾向にある
貧しさとは心が生み出すもの
お金がないことが貧しいのではない
人の弱き心が貧しさを生むのだ
私たちはそのことを忘れてはならない

たとえ
この世界が病気でも

治療に時間を要する病気になると
気持ちばかり焦ってしまい
治すことばかりに心が向きがちになる
でも病気を治すことだけが重要じゃない
だって今この瞬間も
あなたは生きているのだから
鼓動は強く命を燃やしてるのだから
たとえあなたやこの世界そのものが
大きな病に罹っていたとしても
人生を楽しむ権利は誰にも奪えやしない
今もできることは必ずある
どうか笑顔を忘れないでほしい

できない言い訳を
探す前に

できない理由を
やらない言い訳を
なんでも病気や体質環境や状況
霊障やトラウマ
親や他人のせいにしちゃいけないよ
できない言い訳を探す前に
人生で起こり得る様々な可能性に
自分が向き合っていないことに気が付かなきゃ
全ての不幸を何かのせいにして
責任転嫁ばかりしていると
目の前を訪れたチャンスにも気付けず
平等ではないけど全ての人に与えられる
人生を楽しむ権利さえも自ら放棄して
他人を羨むことしかできない
自分を蔑むことしかできない
そういう人間になってしまうんだ

重要なのは
夢を叶えることではない

夢なんてものは叶えてしまったら
パッとその場で消えてしまうものだ
夢ってのはがむしゃらに
追いかけてる期間こそが充実してる
夢を追いかけよう
どんな夢だってかまいやしないんだ
人から馬鹿にされたって良いんだよ
それが夢なんだから
夢を叶えられなかった他人が
人の夢を馬鹿にしたりする
さぁがむしゃらに夢を追いかけよう

まず相手の立場を
尊重すること

夢を追う者にはそれぞれ守るべき世界がある
それがたとえ
自分には理解できぬ世界であっても
まず相手の立場を尊重することを
忘れてはならない
懸命に努力する者に対して
己の価値観のみで見下したり
卑下(ひげ)するような人間にはなってはならない
様々な奇跡は歩み寄る努力から生まれるもの
相手を信じることから生まれるものだ

明日生まれ変わった
自分を思い描く

今日は良い一日だった？

人生には良いことも

悪いことも起こるものだよね

過去を振り返り

嘆_{なげ}いてみても何も変わらないから

痛みを教訓にまた頑張ってみよう

過ちを犯さぬ者などいないのだから

雨はいずれ止み雲は晴れ

日はまた登るだろう

今を懸命に生きること

人は生きている限り

何度だって生まれ変われるよ

今夜目を閉じたら

明日生まれ変わる自分を思い描こう

太陽は何一つ変わらずに

あなたを暖かく迎えてくれるだろう

思い通りには
行かないこともある

どれだけ努力をしたとしても
どれだけ必死に頑張ったとしても
思い通りには行かないことがある
叶わないこともある
だけどひたむきな努力の先には
必ず清々しさがその心に残るだろう
潔く諦めきれないのは
今だ後悔が消えないのは
とことん納得いくまで
君がやりきってないからだ

言いたいことは
勇気を持って

あの時私があんなことを

口に出さなければ

別れることはなかったかもしれない

と嘆く君へ

それがどんな内容であれ

君が些細な喧嘩で相手から

突然に別れを切り出されたのなら

元々相手は君と別れる理由を

探していたに過ぎない

だから自分の行いを悔いる必要なんてない

出会いと同じく別れも必然的に訪れる

そこまでの縁だったのだと諦めて

あなたはあなたらしく生きればいい

愛した人に勇気を持って言いたいことを

言える人間でいることが

真実の愛を得るための

たいせつな一歩なのだから

自分の選択に
後悔がないように

常に向上心を持ち続けよう

努力せずに求めるばかりじゃ

何も手に入らないよ

理想は常に高く持ちリスクを怖れずに

頭でわかっていても心が着いていかぬこと

時に受け入れ難き宿命も

白黒つけられない物事も

全て受け入れていけ

誰にとっても正しい答えなんて

この世界にはないのだから

常に自分の選択に後悔がないように

胸を張れる生き方をすればいい

あなたの理屈や常識は
あなたのもの

人は自分が見たことに対して
自分の目線や主観で物事を捉えがち
誰も君の期待に
応えるために生きてる訳じゃない
君の理屈や常識が
万人に通用する訳じゃない
誰もが君を気にかけてる訳でもない
他人をいちいち気にして
口を出すことをやめたらどう？
そうすれば君の心は
きっともっと自由になれるはず

信じることを
諦めた途端に
（あきら）

人を疑い始めたらキリがないよ
人の欠点を並べだしてもキリがない
光も闇も僕らの心に共存してるから
信じることを諦めた途端に心に闇が差す
（あきら）
そのさじ加減を決めるのは僕ら自身だ
良いも悪いも
できるできないも
好きも嫌いも全て自分が決めている
誰のせいでもなくあなたの価値観で
この世界は暗くも明るくもなるんだ

その愛はきっと永遠

日本人の平均寿命は80歳
長い人生を通して多くの人と出会う
しかし一生忘れることのできない
心から愛することができる人と
出会う確率は極めて低い
出逢い　別れ　また巡り会う
それはもう奇跡なのだと思う
たいせつなのは過ごした時間ではない
そこに永遠を感じることができたかどうか
後悔のない選択をしてきたかどうかである
たとえ離ればなれになったとしても
相手を信じ続けることができるかぎり
その愛はきっと永遠だ

承認し難い試練も
また必然

自分が望もうとも望むまいとも
人生において承認し難い試練が必ず訪れる
起きた問題に対してどれほど
理不尽さを感じたとしても
乗り越えられない試練を
神は決して人には与えないという
大きければ大きいほど
人生においてそれは必要な
「試練」なのだ
夢を半ば諦めざるを得なくとも
寡黙に真摯に向き合うしかない
そこからさらに這い上がり
夢を諦めない者こそが
本物の強さを身につけた者だ

どう感じるかがたいせつ

グラスに半分だけ残っている水を見て
「まだこれだけ残ってる」と思える？
それとも
「もうこれだけしかない」と悲しむ？
嘆いても何も現状が変わらないなら
前者を選びたいよね？
そして無くなってしまったものに
心から感謝をして
今あなたのそばにあるものを
これまで以上にたいせつにしてほしい

あなたの人生が
溢(あふ)れるほど幸多きことを

どんな人間であっても時に過ちを犯す

わかり合っていたように思えていても

お互いの意見が合わなくなり

進む道を違(たが)えることも

相手がどんな酷い仕打ちをしたとしても

それを赦(ゆる)せる人に僕はなりたい

伝えきれなかった想い

足りなかった言葉

もっとあの時にこうできたなら

そう思うことも人生には少なくない

しかしそれも必然

過去は振り返っちゃいけないんだ

それがたとえ愛した人であっても

もう一度あの日に戻りたいとは願わない

ただ深く心に触れ合った君の

これからの人生が

溢(あふ)れるほどの幸多きことを心から願う

人生とは常に
表裏一体

出逢いとは縁
良縁も悪縁も全ては必然

出逢いと別れ

生と死

陰と陽

人生とは常に表裏一体

紡がれた全ての出逢いに感謝したい

そして全ての別れに寛容でありたい

真理とは

流れる水が如きものなのかもしれない

人生は何度だって
やり直しが利<ruby>利<rt>き</rt></ruby>く

色んなことに悩んでしまって
身動きすら取れない
そんな気持ちになってしまった時は
一度全部を壊してしまったほうが楽
何もかもリセットしてまた一から始めよう
希望しかなかった頃に<ruby>遡<rt>さかのぼ</rt></ruby>って
可能性という明日だけを
ワクワクしながら想像しよう
人は生きていさえいれば
何度だってやり直しが<ruby>利<rt>き</rt></ruby>くのだから

その涙から
何を学べたか

たいせつな人を失った時に流す
涙の半分は自身を憐れむ涙
けどそれは悪いことじゃない
自分の至らなさを悔んで泣いたっていい
でもいつまでも終わってしまった過去に
目を向けていては前には進めない
その涙から何を学べたか
たいせつな人が最後に教えてくれた教訓を
次に生かすことができるかどうかだ

傷付けた相手には
何度でも

自分の認識が間違っていることに
気付いたなら傷付けた相手には
何度でも謝罪すべきだ
たいせつに思う人だったなら
なおのこと
目を背けるべきじゃないよ
もし諦（あき）められるのなら
それはその程度の気持ちでしか
相手のことを想ってなかったということ
「自己愛」が
「相手を想う愛」より
優（まさ）っていたということ
その程度の「愛」だったってこと
壊れたものは
元には戻らないかもしれないけれど
相手のことを最優先に考えて
例えどれだけ時間がかかっても
謝罪の気持ちを伝える努力をしなきゃ

あなたの幸せを
願いながら

誰もが大なり小なりの
傷を抱えて生きている
心の痛みと共に
あなたとの
想い出を
甦^{よみが}えらせても
胸にそっと手を当てて
あなたの幸せを願える人でありたい
いつかこの想いが
あなたに還^{かえ}ることを願いながら
全てを受け入れることができた時
きっと前に進むことができると信じて

誤解と価値観の押し付け

人はみんな違う
価値観も考えも
正義も悪も
人は人
自分は自分だ
理解されたいという思いそのものが
「欲」だということに
気付くことが必要だ
誰もに光と闇が共存してる
人に嫌われたい人間などいない
誤解や価値観の押し付けが
人との関係に軋轢を生むのだ

理解し合うためには
喧嘩も必要

理解し合うためには時に喧嘩も必要で
何度も本音でぶつかり合って
たくさん泣いてでも離れられず
何年もの歳月を重ねて
あの人は誰よりも自分を理解してくれてる
そう心から思える自信を身に付ける
わかってほしいから喧嘩をする
だから向き合うことを諦めないで
二人が共に向き合うことを諦めない限り
愛はきっと大きく育ち続ける

そんなに
嫌わないであげて

あなたの嫌いなあの人も
昔は小さな子供だったよ
たくさんの石ころにつまずいて
たくさん大粒の涙を流して
みんな大人になってきた
そんなに責めないであげて
そんなに嫌わないであげて
みんな必死に生きてきたよ
あなたもあの人も

愛を知る人とは

黙って待つことができる人
黙って相手の話を聴ける人
黙って見守ることができる人
黙って信じることができる人
辛い時にこそ
忍び耐えることのできる人が
本当の意味で愛を知る人

きっと
凄くシンプルでいい

僕たちはいつの間にか

子供の時の純粋さを忘れて

窮屈_{きゅうくつ}なルールを自分勝手に作り出し

苦しんでいるのだと思う

本当はきっと凄くシンプルでいいんだ

素直に喜んで笑ってそして泣いて

ワガママを言って愛されて

そして精一杯愛すればいい

何気ない日々こそたいせつ

人は目標があるから生きていけるのだけど

時に答えを焦（あせ）りネガティブになることもある

毎日の何気ない繰り返しこそがとてもたいせつなのに

気持ちばかり焦って孤独感を感じたり

せっかく築（きず）き上げたものを自ら壊したり

時に手放してしまったり

誰かに存在価値を認めてほしくて

言葉を求めてしまう心の弱さは

誰もが持っているものだと思う

間違えたり誤解されたり

そういう過ちを繰り返しながら

人は温もりのたいせつさを学び

同じ過ちを繰り返さないように

道を切り開いていく

たいせつな日々は失われて初めて

かけがえのないものだったと気付く

何気ない日常こそが自分を築き上げる

たいせつな礎（いしずえ）となっている

どこかに
しまった心の傷

夢で出逢えたあの日のあなたは
私に優しく微笑みかける
あの日の私には気付けなかった
溢れる想いを伝えるけれど
夢から目覚めてため息を漏らす
出逢いも別れも必然と
全てを受け入れ歩いたけれど
どこかにしまった心の傷が
私の心を締め付ける

全てあなた自身が決めたこと

あなたは大人なのだから
自分が起こした行為の責任を
他人のせいにしちゃいけないよ
選択したのはあなた自身でしょう
本当に嫌なことなら拒むことも
拒否することもできたんじゃない？
ダメだと思っていた
嫌な予感がしていたと
ことが終わってから見苦しく
誰かに責任転嫁をするべきじゃない
良いも悪いも
全てあなた自身が決めたこと

自分のことしか
頭にない人たち

いくらこちらが真摯に説明をしても

理解しない人間というのはいるもの

自分のことしか頭にない人たち

そういう人間の多くは相手の立場に立って

物事を捉える「想像力」が欠けているのだ

その狭い視野と経験値と知識で

無責任にその場の状況をかき乱して

悪化させるだけの人たちには

極力関わらないようにすれば良い

失敗しない人は
いないから

失敗をしない人はいない
選択を誤らない人もいない
その失敗から多くを学び
軌道を修正していけばいい
失敗したということは
「前に進もうとした」ということだ
人は失敗と反省を繰り返しながら
成長していくのだから
しかし
何度同じ過ちを繰り返しても
まるで学ばぬ者もいるだろう
失敗や傷付くことを恐れて
何もしない者もいるだろう
そういう人間はおそらく
死ぬまで
「気付き」を得られない
どちら側の人間になりたいか
それはあなたが決めることだ

ちっぽけな世界で
空を仰ぐ

この広い世界
地球規模で見ると人間とは
なんてちっぽけな存在なんだろう
自分のパーソナルスペースを守るために
一喜一憂を繰り返す人たち
ごめんなさい
ありがとう
そんな簡単な言葉さえも
なかなか言えない人たち
精一杯生きることは
そんなに難しいことじゃないよ
自分らしさをさらけ出すことは
それほど難しいことじゃないよ
恥をかくことも
頭を下げることも
そんなに難しいことじゃないんだ

傲慢さが
孤独を引き寄せる

傲慢なプライドの高さは

時にたいせつな人からの

信頼すら失わせる

「私が」「私は」と自分本位な

考えしかできず

感謝の気持ちすら忘れ

自己愛の高さゆえに

共有も共感もできず

相手を一方的に否定する

その末路は

己の成長に繋がる者は

一人残らずいなくなり

己を肯定してくれる

僅かな者にだけに固執する

哀れな躯だ

反省はしても
後悔を引きずるな

過去は過ぎたことでしかない
反省はしても後悔を引きずるな
失敗のない人生なんてない
過去に囚<ruby>囚<rt>とら</rt></ruby>われず苦しい時こそ
自分と向き合い己を見つめ直し
その心身を磨くことだ
外側ではなく内側に意識を向け
精一杯自分に足りない部分を
補う努力をすることだ
たいせつなのは他人の評価ではない
自分の評価は自分がすればいい

全ての欲は
ほどほどが良い

「食欲」「金銭欲」「物欲」「色(愛)欲」
「権力欲」「名誉欲」「睡眠欲」
全ての欲は神が与えた必然で
これがないと向上心も生まれない
人が成長するために欠かせぬ欲
しかし欲はほどほどが良い
欲も度が過ぎると
心を腐らせる毒となる
少しの食事で満足する者は長寿で
過食する者が早死にするのと同意だ
たいせつなのは全てにおいて足るを知ることだ

あなたを
誰より理解してるのは

誰も他人の人生を
馬鹿にする資格なんてない
誰もあなたの生き方を
笑う資格なんてない
あなたの人生はあなたのもの
あなたのことを
誰よりも理解しているのは
誰でもないあなた自身でしょ？
どうあるべきかじゃなく
あなたはあなたらしく
どうかあなたが笑顔でいられる場所を
探し続けることを諦めないでほしい

何があっても
走り続けなさい

何があっても走り続けなさい
人に傷付き
人に裏切られても
一人では越えられない時には
手を差し伸べてくれる仲間を
探し続けなさい
そうすれば何度だって立ち上がることができる
越えられない壁はない
叶えられない夢はない
未来は誰でもないあなたが作るのだ

人の心は鏡のように

人に対しておこなった行為は

鏡のように自分へと跳ね返る

優しさには優しさが

憎しみには憎しみが

悪意には悪意が

因果応報とはそういうこと

相手に理解を求める前に

相手に望むだけの努力を

まず自分がしていたかを考えよう

やれるだけのことをやったうえで

相手からの理解を得られぬなら

それはもう縁がない相手なのだと

割り切るべき

依存心からは何も生まれない

可能性はいつも何かを手放してから

生まれるのだ

「信じる者は救われる」
とは

嫌われたいと思っている者など

この世界にはいない

嫌われている気がして

傷付くのが怖くて

猜疑心を抱き無意識に壁を作る

否定的に相手を見ることで

人は自ら「敵」を作りだしている

恐れや不安から来るその行為が

自分に返ることに気付かずに

この世界は全て因果応報

たいせつなのはまず自分の価値を信じ

相手を心から信じて

その想いを

貫き通す鋼の意志を心に宿すこと

友達とは
あなたと向き合う者

本当の友達っていうのは
間違った道に進もうとした時
良くない噂を耳にした時
それをただ傍観し離れていく者ではなく
真実を確かめようとする者
遠慮なく何が起きたか説明を問う者
そして手を差し伸べてくれる存在のことだ
それ以外は
ただの知り合いでしかない

勇気は
誰もが持っている

「自信がない」って君は言う
自信は「人からの評価」で育つものだから
簡単に心から湧き出てはこないものだ
だけど「勇気がない」なんて言わないで
勇気は絞り出すもので
誰もが持ってるもの
言い訳をせずに行動しよう
勇気を力いっぱい絞り出すんだ

多くの学びを得ることに
価値がある

不自由なく生きた人間が
必ずしも幸せな訳ではない
人生において多くの学びを得ることが
できたかどうかに価値がある
戦争がなくならない理由
貧困がなくならない理由
なぜ人は一人として同じ顔ではないのか
なぜ人にのみ言語が与えられたのか
この肉体は何のためにあるのか
そしてなんのために生まれてきたのか

考えることだ
人は与えられた五感を駆使しながら
苦しみや痛みのなかで学び成長していく
光には影がある
陰陽一体こそがこの世界に生きる
意味そのものなのだ

本当に
心許せる親友とは

本当に心許せる親友なんて
それほど多くはないでしょう
どれだけ人脈があろうと
顔が広かろうと
親友とは片方が望んで
なれるものじゃない
それは神が繋ぐ縁
必要なのはいいね！の数や
フォロワー数ではない
出会いと別れに
一喜一憂することもない
人は出逢うべくして出逢う
別れもまた全てが必然なのだ

張り合うことの
愚かしさ
<ruby>愚<rt>おろ</rt></ruby>かしさ

向上心はたいせつ

野心も必要

しかし競う相手は誰でもなく

自分自身で在ることだ

誰より先に行くのではなく

何より自分自身を超えて行け

張り合うことに意味はない

評価は後から着いてくるもの

自分が信じた道を疑うな

失敗も成功も同じだけ繰り返せ

その先には必ず「自信」という名の

信念が心に宿る

手を差し伸べる
人がいることを

暗闇のなかで
希望の持てる道を見つけたなら
他人の言葉に流されず
誰よりも自分を信じて進め
傷付くことを恐れずに
失敗を糧に多くを学ぶこと
そして心折れそうな時は思い出せ
どんな時であっても
君に差し伸べる暖かい手があることを

「気付き」という罰もある

この世界に移ろわないモノなど
何一つないのに
なぜ人は今あるモノが
永遠に続くと信じて疑わないのだろう
時計の針を戻すことなど
誰にもできないのに
どうして僕たちは
そばにある小さな幸せに
気付かない振りをしてしまうのだろう
それがどれほどたいせつな時間であったかを
どうして人は容易く忘れてしまうのだろう
あなたの笑顔が永遠に続くと
あなたの愛が無尽蔵であると
そして神は僕たちに
「気付き」という名の罰を与える
幸せだった時を
噛み締めるようにと
残された希望を
しっかりと抱きしめるようにと

師という存在とは

達人や悟りを拓いた者が

必ずしも聖人君子だと考えるな

そもそもそういう者は

俗世になど降りてはこない

師という存在は弟子が求める奥義や

小手先の技を手取り足取り教えることはない

その弟子に足りないものを気付かせる存在

偶像を崇拝するな

身勝手な理想を押し付けるな

完璧な人間などいない

誰もが完璧になりたいから修行してるんだ

師に理想を求めるのではない

その理想こそが弟子たちが目指す姿だ

獣<ruby>けだもの</ruby>と同じ目線に
立たぬこと

相手に対して腹が立つのは
その相手と同じ目線に立つから
相手が「狸」や「蛇」の類<ruby>たぐい</ruby>だと思えば
腹は立たないものだよ
狸や蛇が好きな場所で
好きなことを言ってたとしても
所詮それに耳を傾ける者も
また同じ穴のムジナ
あなたがわざわざ目線を下げて
聞き耳を立てる必要はない

地に足をつけて
生きるということ

地に足をつけて生きるということは
自分の人生を他人に委ねることなく
全ての選択を自分の責任とし
覚悟を持って生きるということだ
誰かに頼ってばかりいたり
誰かに縋らなければ
生きていけない
生活していけない
そんな人間にならぬことだ
努力の先にしか成功はない
あなたが羨む全ての人たちが
等しく弛まぬ努力をした人であることを
忘れてはならない

歩み寄る努力を
放棄した人ほど

流した涙は誰のため？

人は過ちから学び

自分が正しいと思った行動をする

ただ正義とは様々な角度を持ち

毒にも薬にもなるもの

たいせつなのは

己の答だけを盲信するのではなく

相手の立場に立って物事を考えることだ

相手の立場を理解しようという気持ちや

歩み寄る努力を放棄している人ほど

感謝の気持ちを忘れ

自分を肯定するために相手を否定する

全てが無駄に終わったと
感じても

全てが無駄に終わったと感じても

やれるだけのことを一生懸命やって

結果ダメだったことっていうのは

潔い気持ちで諦められるものだよ

受け入れ難い結果も受け入れて

もう次に進むしかないと思える

あなたが精一杯努力したうえで

切れてしまう「縁」ならば

それはもうその程度の縁だったということ

今あるものに感謝して
生きること

足りない自分を恥じたり
嘆いたところで状況は何も
変わりはしないのだから
自分の努力不足や経験不足を認め
過ちを繰り返さぬことを誓い
反省を糧に前向きに生きていこう
結果は全て過程のもとにある
今あるものに感謝して
精一杯生きることだ

いつかきっと
答えは出る

焦っても仕方がないことや
時間しか解決できない問題が
人生にはある
起きたでき事には意味があり
あれこれ悩んだり
過ぎたことを後悔するよりも
今自分に何ができるかを考え
できることに向き合うことだ
いつかきっと答えは出る
自分の直感を信じ続けよう

恋愛は
人を成長させる

自分磨きを怠らない人が好き
成長を感じられない人に
人は魅力を感じないものだ
夢を持ち痛みさえ糧に
前向きに生きている人が好き
魅力ある人に恋焦がれるなら
まずあなたがその人に見合うだけの
魅力ある人になる努力をしなきゃいけない
あなたが輝いていないのなら
いくら相手を好きになろうとも
あなたを好きになってはくれない
自分を磨く努力もせずに
人に愛されたい
興味を持ってもらいたい
というのはただ利己的な愛でしかない
「恋愛は人を成長させる」という真意は
まさにそこにあるのだ

それは夢半ばで
諦めた人の台詞

孤独を嘆くな

だけど孤独に慣れるな

君は独りじゃない

目指す道の先に何の確証も持てず

不安になることもあるだろう

そんなの当たり前だ

君の未来を誰が保証してくれる？

確証なんてどこにもないさ

いつまで夢を追いかけているんだって？

それは夢半ばで諦めた人間の台詞だ

無責任な言葉に振り回されるな

ただ自分を信じて足掻き続けろ

道は平坦ではなくとも

君が望む世界はその先にある

まだ私は
勉強中だから

まだ私は勉強中だからと
チャンスを活かさない人が多い
勉強中でもいいんじゃない？
勉強には終わりはなく
完璧な装備で山を登ろうとしなくても
山が登り方を教えてくれるものだ
その山の数だけ答えがあるものだよ
諦_{あきら}める口実を探さず
失敗を恐_{おそ}れずに実践から学ぶ勇気を持て

その愛が
束の間のものであっても

人は愛されることで生かされる
愛されることで人を愛し
相手を許すことができる
自分を肯定することができる
例えその愛が束の間のものであっても
その愛は紛れもなく真実だ
未来に希望を持ち前に進める
過去の愛を否定するよりも
出会えたことに感謝しよう

傷付くことで
あなたは強くなる

言葉で伝えなければ想いは届かない
心は肉体という器で覆われてるから
神は人にのみ言語を与えた
それは言語を使いそこから学ぶため
「心」を見せることができないからこそ
人は気持ちを相手に伝えるために
試行錯誤と反省を繰り返しながら
一生懸命「言葉」を紡ぎ
相手とわかり合うために知恵を絞る
この「肉体」があるからこそ
愛する人の「温もり」や「鼓動」を
感じることができるのだ
しかし言葉だけでは
想いの7％も伝わらないと言われている
それほど「想い」を伝えることは難しい
でも伝える苦労の先にあるものは
何よりもあなたを成長させるだろう
傷付くことを恐れてはいけない

時間を戻せても

時間を戻したからといって
解決しない問題もある
それはお互いに十二分に
相手のことを考えて出した結論
または一方的にどちらかが
答えを決めて関係が途絶えた場合
どちらにせよ
その結論は受け入れるべきだ
失ったものを数えるよりも
今自分を必要としてくれる
存在に目を向けることがたいせつ

想像できることは
全て実現化できる

人間は想像できることは
全て実現化できる
努力すれば月にだって
行けるんだから
たいせつなのは想像力と好奇心
体が硬いと思い込むことで体は硬くなる
無理だと思った時点で流れは悪くなる
夢を諦めた時点で
その夢を叶えることはできない
引き寄せの法則とはそういうこと
己を限定せず限界を超えて行け

あなたにしか
できない役割

人にはそれぞれ
与えられた役割がある
だから誰かの演じる役を見て
羨ましがる必要なんてない
あなたにしかできない役
あなただからできる役に
誇りを持って生きてほしい
他の誰かよりも
「あなたはあなた」という
人生の主役であることを
どうか忘れないで
「あなたはあなた」
世界に一人だけのあなたでいい

愛する人に
感謝の抱擁を

多忙な生活のなかで過ぎていく
時間はとても早い
多忙すぎると家族や愛する人に
感謝の心を忘れがちになる
いくら金や名声があっても
時間だけは戻すことはできないよ
あの時もっと君を抱きしめていれば
感謝の言葉を伝えていればと
後悔しないようにしてほしい
あなたのたいせつな人にも
今日はどうか感謝の抱擁を

自分で自分を
評価すること

自分で自分を評価することに
楽しさを見出した者は
人生を楽しみながら生きられる
他人の目や評価を気にしながら
生きている者は
人生を心から楽しむことができない
我々は誰かの期待に応えるために
生きてる訳ではない
自分の可能性に期待し
常に過去の自分と今の自分を
比較しながら生きればいい

正しい答えは
誰のもの

愛に決まったかたちなどない
誰かと当てはめることも
誰かと比べることもできないもの
他者の否定や肯定に意味はない
愛とは様々なかたちを成し
時に浅く時に深く
広がったり狭まったり
時に歪で
時にとても壊れやすく
信じる気持ち一つで
何よりも強くなるもの
先の視えない未来に
不安を抱かない者はいない
先の視えない未来を思い悩むよりも
この瞬間のぬくもりや心の繋がりに
幸せを見いだすことができたらいいね

君ができないと
諦めたこと

君が夢半ばに諦めた未来を
僕は必ず実現させていく
君ができないと決めつけたことを
僕は一つずつ叶えていくよ
流した汗や悔し涙を力に変えて
僕は叶えられなかった理由を
年齢や環境や他人のせいにはしない
がむしゃらに自分を信じて
努力を諦めやしない

我々の心は
常に光と闇を往き来する

我々の心は常に
光と闇を往き来する
怒り 笑い 悲しみ 喜び
それは人生のなかの
アムリタ（甘露）であると同時に
毒にもなり得るものである
欲や依存に心振り回されることなく
善悪の判断をせずに
全てにおいてただ中庸であれ
人生で起こり得る全ての事象を
修行と捉えることができたとき
この世には必然しかないことに気付く

あなたが
笑顔でいられる場所を

笑顔でいられる場所を探して
自然でいられる場所を探して
どれだけ他人の目を気にしながら生きようと
どれだけ自分に素直になって生きようと
結局最後はあなたに必要な人しか残らないから
だからこそあなたが自然に笑える場所を
一生懸命に探すことがたいせつなの

全てが奇跡の連続

「生」にも「死」にも大きな意味がある
そして無駄な死は一つとしてない
生まれた意味を知る者は少ないが
生まれたことに意味がない者など一人もいない
全ては「宿命」という名の「必然」で
今世に生きる者たちに大きな軌跡を残す
あなたの鼓動に手を当てて
命の重さを感じよう
生きていることに感謝しよう
当たり前の日常などないのだと
この大地
世界の全てが
奇跡の連続なのだ

その
想いの深さが愛

傷付きたくないからといって
言葉を飲み込まないほうがいいよ
今傷付かなくても
その我慢(がまん)の先に未来があるかを考えて
伝えたいことがあるなら
言っても無駄だと諦(あきら)めないこと
その想いの深さが信じるってこと
その想いの深さが人を愛するってこと

痛みを背負い
生きること

終わったことをいつまでも
後悔しても仕方がない
壊れたものは二度と
元の形には戻らないのだから
たいせつなのはそこから多くを学ぶこと
己の未熟さに目を背けて
誰かのせいにしてはいけない
二度と同じ過ちを繰り返さぬよう
心に楔を打ち付けながら
生きていくことだ
その痛みはいずれきっと「糧」となる
いつか贖罪のときが訪れた時に
心から感謝の想いを伝えよう
その時までに
人生を恥じることない者になることを誓って

あなたを
好きな人をたいせつに

あなたを好きな人がいる
あなたを嫌いな人がいる
そんなの当たり前じゃない？
だからわざわざあなたは
あなたを嫌いな人を意識したり
聞き耳を立てたりしないでいいの
あなたはあなたのことを
好きだと言ってくれる人だけを
たいせつにしていればいい

奇跡が起きるのを
待つな

絶対に諦めなかった者にしか
己を信じて疑わなかった者にしか
夢は叶えられない
どん底から這い上がった者しか
自分を心から信じることはできない
諦める口実を探してる者が
夢を叶えられるはずがない
絶対に諦めないという信念こそが
様々な奇跡を生みだす
奇跡が起きるのを待つな
奇跡は君が起こすんだ

記憶という
思い出を胸に

小さな幸せをかき集めて
大きな喜びにしていく作業を
僕たちは人生で幾度となく繰り返し
最後にはカタチあるものではなく
記憶という思い出を胸に抱いて
人生の幕を閉じるのでしょう
小さな幸せを見落とさないでね
当たり前なんてないんだ
感謝の気持ちを忘れずに
あなたはあなたらしく生きること

今の自分に
満足できている？

人から自分は一体どう映ってるのか？
それを想像しない人はいないよね
でもそんなことで悩んでも仕方がないの
結局自分のことは自分が
一番よくわかっているのだから
正しいも間違いも
それは自分の心が決めること
ただ己を慢心してはいけない
そんな時に出る言葉は
容易く人を傷付けてしまうから
常に心に問い掛けよう
今の自分に満足できているかどうかを

闇も含めて
愛せていますか？

人には光も闇も
喜びも哀しみも
良い部分も悪い部分もあるのだから
あなたが心から愛する人なら
その両方を精一杯愛してあげなさい
光ばかりに目を向けず
闇も含めて愛しなさい
思い込みや猜疑心で
全てを闇に包まぬよう
ゆとりある寛容な心で
誰をも愛せる人で在りなさい

相手のために
改善しようとする努力を

自分がどういう態度や言動に傷付くのか
そういう大事なことはちゃんと相手と
たくさん話し合ったほうがいい
相手が自分にとって
かけがえのない人なら尚更
伝えるための努力と
相手の笑顔を望む努力を
お互いに続けていれば
二人の愛はきっと永遠に続いていく
愛されるということは
自分も相手を精一杯愛するということだよ

生きとし生けるもの
全てに

当たり前の日常などない
まずは健康であることに
この人生を彩る全ての人たちに
取り巻く全ての環境に
感謝の気持ちを抱き
生きることができたなら
この世界はもっと美しく
素晴らしいものであることに
気付くことができるだろう
今日も生かされている
生きとし生けるもの全てに
心から感謝したい

全ては
祈りのようなもの

もしあなたが私を傷付けたり
裏切ったりしても
私はそれを許せる者でありたい
「信頼」や「愛」「永遠」などという
言葉をいくら饒舌に並べ立てても
そこには然程の意味はなく
ただそうありたい
そうあってほしいという
祈りのようなものかもしれない
その想いもまた
利害に対してとても脆く
容易く崩れ去ってしまうものだ
しかし人は祈ることで
奇跡さえ起こすチカラがある
それが如何に可能性の
小さなものであったとしても
私は祈り続けたい

全ての生命は
いずれ宇宙へと還る

永遠に続くものなど

この世界にはなく

時は移ろい消えていく

花は散り実が種となり

大地に落ちて芽吹きまた花を咲かす

同じようで同じではない

人も然り

出会いと別れを繰り返す

色即是空

全ての生命はいずれ宇宙へと還る

寂しくないよ

僕たちは孤独であると同時に

大きな存在の一つなんだ

全てあなたの
努力次第

いくらあなたが誠実に相手を気遣い
仲良くしようと努めていても
理由もわからぬまま拒絶されたり
相手に関心を持たれない理由は
結局あなたが相手にとって
それほど魅力がないから
それが今のあなたの実力と認めるほかない
それを悔しいと感じるのなら
死ぬほど努力をすることだ
人はこれまでの努力が
そのまま人間関係に反映されるのだから
だけど忘れてはいけない
人の「縁」というものは全て「必然」で
必要な縁はまるで瞑想のように
求めずとも努力の先に自ずと向こうから
訪れるものであるということも

ただ優しく
頷くだけの人は

ただ優しく頷くだけの人は

結局何もしてくれない人だ

真摯に想いを伝えてくれる人は

時にあなたの心を傷付けることも

あるかもしれないけれど

あなたの人生にとても必要な人なんだと思う

優しさだけが愛ではない

そこに気付けない人は

自分を肯定してくれるだけの

ヌルい関係ばかりを望み

弱い人間になってしまう

そこには成長も悟りもありはしない

時に嫌な役回りも引き受けてくれる

例え嫌われたとしても相手を想い

勇気あるアドバイスをしてくれる

そういう人があなたの宝だ

生きるうえで
最もたいせつなもの

生きるうえで最もたいせつで
あなたの人生において
かけがえのない財産となるものは
有り余る財産や権力などではなく
時間をかけて育てた愛と信頼である

言葉は木霊のように

言葉は木霊のように響き

時に歯に衣着せぬ物言いが

争いを生むこともあるだろう

怖れる者は口を閉ざし

発言する者は敵を作る

しかし「敵なき者に魅力なし」

反省と感謝の心を忘れぬことが

最低限必要なことではあるが

傷付くことや他人の目を怖れることなく

ありのままの自分と向き合うことだ

出会いも別れも必然だからこそ

たいせつな全ての出会いと別れを

無駄にせぬように生きることだ

独りで生きるには
生き難いから

誰もが皆悩み苦しみ

一生懸命未来へと歩いている

来る者　去る者

一期一会の出会いに

一喜一憂を繰り返しながら

独りで生きるには生き難いから

人は皆支え合う仲間を探してる

あなたが今孤独を感じているなら

理想の相手を求める前に

まず自分が変わる努力をしなくちゃね

人は変われる

可能性という名の未来は

誰にも平等に訪れるものだから

心は常に自由だと
気付けたなら

人は起きたでき事に対して
自分の目線や主観で物事を捉えがち
自分の理屈や常識が
関わり合う全ての人に
通用する訳ではないのに
そして多くの人たちが
他人の顔色や言動に対して
気を病み過ぎている
誰もが常に君を気にかけてる訳じゃなく
君もまた人に対して同じはずなのにね
ちょっと肩の力をぬいてみたら？
心は常に自由だと気付けたなら
きっと世界も違って見えるはず

笑顔は最高の
贈り物

自分を誰かと比べて落ち込まないで
違いを比べて哀しまないで
君は君という世界に一つの原石で
君にしか出せない輝きが必ずある
自分を繕^{つくろ}うよりも
価値を信じて笑顔でいてほしい
笑顔はお金では買えない最高の贈り物
化粧品や飾り物では引き出せない
何よりも人々の心に響く
素敵な贈り物なのだ

必要とされたい
あなたへ

誰かに必要とされることが
生き甲斐になってはいけない
たいせつなのは自分が誰かのために
何をしたいかしたくないかだ
あなたは誰かの期待に応えるために
生きてる訳じゃない
他人もまたあなたの期待に
応えるために生きてる訳じゃない
やってあげてるのに
と自分の選択や責任を他人に
委ねない生き方こそが
「自由」ということ

あなたの人生は
あなたのもの

時間は無限ではない
だからこそ自らの人生に
後悔なく生きなければ
移り変わる景色を
あとどれだけ味わうことが
できるのかもわからないのだから
あなたの人生はあなたのものだ
あなたはあなたらしく
誰にも気を遣うことはないんだよ
苦しみを覚えながら
誰かの人生を背負う必要もない
楽そうな道や安定を望むのではなく
あなたが希望を抱くことのできる道を
ただ選び続けることだ

あとがき

　ブログ掲載している「スピリチュアルメッセージ」を読んだ読者の方から、よくコメント欄にてメッセージに対する感謝の言葉をいただいております。それらを読むことがわたしの楽しみとなり、いつも元気をいただいております。

　わたしが紡いでいる870を超える（2024年3月現在）スピリチュアルメッセージは、わたしの守護霊からの言伝であり、わたしの言葉であって、わたしの言葉ではありません。

　わたしはあくまで霊界と現世を繋ぐスピリチュアルアンテナであり、時に厳しく、時に優しく、その言葉を必要としている様々な魂のレベルの方に、メッセージをお届けする役割を担っているのです。

　それらのメッセージには、わたしのために降りた言葉もあるので、意味を綴りながら、わたし自身が涙する事もあります。
　メッセージを衝動的に書き綴ってから、「ほんとそうだよなぁ」と思うことが多々あり、わたし自身も励まされていることに日々気付かされています（笑）。

わたしのスピリチュアルメッセージに心を突き動かされた
方々は、

自分がなぜその言葉に心を動かされたのか？
その内容が図星だからなのか？
そのことに眼を背けていたからなのか？

　このようなことを、じっくりと考えてみてください。そこに
きっとあなただけの答えがあるはずです。

　実際にわたしと語り合いたい方は、直接、わたしの鑑定
や講座、イベントやツアーなどにご参加いただければと思
います。会いに来ていただければ細かくご説明させていた
だきます（笑）。

　あなたは今幸せですか？
　この本が皆さんの生きる糧になることを願っています。

　最後に、企画や編集をはじめ、この本を作り上げる過程
で携わっていただいた関係者ならびに、支えとなった家族
や弟子たち、そしてこの本を手に取っていただいた全ての
読者に謝意を表します。

黒戌 仁

黒戌 仁 (くろいぬ じん)

物部氏 阿波国 名東郡
清和源氏 源経基 満季流出自
神伝武術 手乞・瑜伽 玄狼會 宗家
神仙道士／古神道研究家／比較神話学者
日本最古の癒し歌 あわのうた 伝道師
インド政府公認ヨガマスターティーチャー
全米ヨガアライアンス E-RYT500
瞑想・呼吸法指導者
俳優（カンヌ国際映画祭出展作品出演）

著書に『言霊の力―魂の声を神様は聞いています―』、『見てきたように面白い超古代史』（共に三笠書房）が全国絶賛発売中。
日本一の霊感タロット占い師と謳われ、テレビ番組に多数出演。全国放送の番組企画にて有名占い師格付１位を獲得。フジテレビ「実話怪談倶楽部」で三年に渡って霊能者としてレギュラー出演し、数々の著名な出演者を除霊する。テレビ朝日系列のYouTube番組「オカルト部」においてのゲスト出演回は160万回視聴を超え、日本を代表する霊能者の一人として数えられている。
商業メディアにねじ曲げられた日本のスピリチュアリティに警鐘を鳴らし心と体の繋がりから正しく紐解いた「根拠あるスピリチュアリティ」を提唱し続けている。

アメーバ芸能人ブログ
黒戌仁 スピリチュアル＆ヨガライフ
http://ameblo.jp/gaokun013/
X（旧ツイッター）ID
https://twitter.com/kuroinutarot
インスタグラムID
https://www.instagram.com/kuroinutarot/

著者：

黒戌 仁 (くろいぬ じん)

※略歴はp.207参照

ご購入者様特典のご案内

ご購入いただきました皆様に、黒戌 仁氏より
オリジナルメッセージ動画が届いております！

QRコードを読み取り、手順に沿ってお進みい
ただきますと、メッセージ動画をご覧いただけ
ます。皆様のアクセスお待ちしています！

https://www.gaiajapan.co.jp/news/campaign/7634/

なりたい自分になれるまで
スピリチュアルメッセージ

発　　　行	2024 年 4 月 30 日	
発 行 者	吉田　初音	
発 行 所	株式会社 **ガイアブックス**	
	〒107-0052 東京都港区赤坂 1-1 細川ビル2F	
	TEL.03 (3585) 2214　FAX.03 (3585) 1090	
	https://www.gaiajapan.co.jp	
印 刷 所	日本ハイコム株式会社